Vente du Lundi 13 Novembre 1871.

CATALOGUE

D'OBJETS D'ART

ET DE CURIOSITÉ

*APPARTENANT A M. LE COMTE X ****

VENTE : Le Lundi 13 Novembre.

EXPOSITION : Le Dimanche 12 Novembre.

Mᵉ CHARLES PILLET,	M. FEBVRE
COMMISSAIRE-PRISEUR	EXPERT
10, rue de la Grange-Batelière	rue Saint-Georges, 7

CATALOGUE

D'OBJETS D'ART

ET DE CURIOSITÉ

Porcelaines anciennes de Sèvres, de Saxe, du Japon
Faïences anciennes ;
Meubles d'art anciens ; Bronzes dorés ;
Vases Louis XVI en granit ;
Tabatières en or et en vernis Martin ; Montres ; etc.

DONT LA VENTE AURA LIEU

HOTEL DROUOT, SALLE N° 5

Le Lundi 13 Novembre 1871

A UNE HEURE ET DEMIE PRÉCISE

Par le ministère de M° **CHARLES PILLET**, Commissaire-Priseur,
10, rue de la Grange-Batelière,
Assisté de **M. FEBVRE**, Expert, rue Saint-Georges, 14,
Chez lesquels se trouve le présent Catalogue.

Exposition publique : le Dimanche 12 Novembre 1871
DE UNE HEURE A CINQ HEURES.

CONDITIONS DE LA VENTE

Elle sera faite au comptant.

Les adjudicataires payeront *cinq pour cent* **en sus des enchères.**

L'exposition mettant le public à même de se rendre compte de l'état des objets, il ne sera admis aucune réclamation une fois l'adjudication prononcée.

Paris. — Typ. PILLET fils aîné, rue des Grands-Augustins, 5.

DÉSIGNATION DES OBJETS

ANCIENNES PORCELAINES
DE SAXE

1 — Grande pièce de surtout : Autour d'un arbre qui oc-
cupe le centre, sont quatre petites figurines (enfants
jardiniers) sur un plateau de style rocaille, au-dessus
des terrasses supportant des coupes mobiles. Socle en
bois sculpté.

2 — Deux chiens barbets : L'un sur une terrasse en bronze,
ancienne monture ; l'autre sur un socle en bois doré.

3 — Deux brûle-parfums ou vases à couvercles, entrela-
cés de tiges et de fleurs détachées ; au bas du vase sont
des chiens de chasse en arrêt devant des perdrix.

4 — Belle soupière ; sur le couvercle, enfant renversant
une corne d'abondance d'où s'échappent des fruits.

5 — Deux groupes ; enfants près d'un vase ; anciennes
montures en bronze doré.

6 — Deux perdrix ; anciennes montures en bronze doré.

7 — Deux pots à crème ayant la forme d'un fruit posé sur une feuille.

8 — Groupe de deux enfants : l'un est assis, l'autre tient un branchage.

9 — Perroquet vert perché sur un arbre, il mange une chenille.

10 — Autre perroquet mangeant un hanneton.

11 — Deux colonnes avec ornements or et fleurs en relief.

12 — Six soucoupes, décor à bouquets.

13 — Groupe : marchande d'oublis et jeune seigneur se versant à boire.

14 — Quatre beaux groupes : les saisons.

15 — Groupe : jeune seigneur parant de fleurs une bergère.

16 — Groupe : jeune seigneur causant avec une jeune fille.

17 — Oiseau chimérique.

18 — Soupière de forme ronde, riche décor de fleurs et d'ornements en relief.

19 — Quatre-vingt-quinze assiettes à bords gaufrés, décor de fleurs.

20 — Six plats, même décor.

21 — Deux compotiers, deux sucriers et dix-huit assiettes avec bordures bleu et or.

22 — Deux saucières et plateaux, décor de fle.rs et gaufré.

23 — Douze assiettes, décor à bouquets, les bords vannés à jour.

24 — Une corbeille et son plateau, même décor.

25 — Très-belle aiguière et son bassin avec support mobile, toutes ces pièces ornées de fleurs en relief.

26 — Dix coupes à fruits ayant les formes de feuilles, décor à bouquets et fruits en relief.

27 — Coupe à fruits en Saxe moderne.

28 — Tête de petite fille en Saxe moderne.

29 — Oiseau et écureuil sur des branchages. (Moderne.)

30 — Perroquet perché. (Moderne.)

31 — Jatte, plateau et couvercle, décor à bouquets. (Moderne.)

PORCELAINES DE SÈVRES

PATE TENDRE, DÉCORS ANCIENS ET MODERNES

32 — Déjeuner en ancienne porcelaine de Sèvres pâte tendre, ancien décor, composé d'un plateau, un pot à crème, une théière et une tasse, décor à petites rosaces sur fond vert; toutes ces pièces sont décorées de médaillons, de fleurs et de fruits.

33 — Petit plateau de forme carrée, décor vert et rose; au centre, un médaillon représentant un petit garçon jouant de la musette; monture en bronze doré.

34 — Pot à lait fond blanc avec bordures en or.

35 — Six plats ovales à bords contournés, fond blanc avec bordures et armoiries or.

36 — Deux petits vases en ancien Sèvres pâte tendre, ancien décor, ornés de médaillons, de paysages avec figurines de villageois.

37 — Deux jardinières en Sèvres pâte tendre, riche décor, fond turquoise avec cartels d'amours et d'oiseaux.

Ces pièces sont soutenues par des serpents enroulés en bronze doré, qui reposent sur des socles également en bronze doré.

38 — Deux autres jardinières en Sèvres tendre, même genre

de décor que les précédentes, mais dans lesquelles sont
des branches avec fleurs variées en ancien Sèvres pâte
tendre.

39 — Deux vases en Sèvres pâte tendre, décorés de médaillons, d'amours et de fleurs sur fond rose.

40 — Petit vase à couvercle en Sèvres tendre, décor rose.

41 — Plateau en Sèvres tendre, décor fond rose avec cartel
d'oiseaux.

42 — Petit plateau en Sèvres tendre, décor à cartel d'a-
mours sur fond turquoise.

43 — Petit vide-poche en Sèvres tendre, avec médaillon,
jeune fille dans un paysage.

44 — Petit vase en Sèvres pâte tendre, ancien décor, monture en bronze doré.

45 — Jatte avec couvercle et plateau en ancien Sèvres pâte
tendre, décor à bouquets et liserés bleus.

46 — Cuvette en Sèvres pâte tendre, fond turquoise avec
cartels d'oiseaux.

47 et 48 — Deux vases en Sèvres tendre, décor avec médaillons à scènes pastorales et amours dans les airs,
sur fond turquoise ; montures en bronze doré.

49 — Petit encrier en porcelaine tendre de Sèvres; monture en bronze doré.

PORCELAINES DIVERSES
ET BISCUITS

50 — Grand vase en ancien Japon, décor riche; la panse est vannée à jour; monture en bronze doré.

51 — Petite garniture de cinq pièces; même porcelaine et même décor que le précédent vase.

52 — Deux cornets en porcelaine du Japon, décor bleu sur fond blanc.

Le décor en couleur a été fait à froid.

53 — Sucrier et son plateau en porcelaine moderne du Japon.

54 — Deux saucières en porcelaine moderne du Japon.

55 — Vase à fleurs en blanc de la Chine.

56 — Comédien chinois, statuette en céladon avec vêtements émaillés en couleur.

57 — Deux enfants assis, en biscuit de Sèvres.

58 — Deux grands vases, de forme ovoïde, en porcelaine blanche de Vienne, décorés en relief de têtes de béliers

et de pendentifs encadrant les portraits en buste de Louis XVI et de Marie-Antoinette et des deux frères du roi. Les couvercles sont entourés de fleurs de lis en reliefs.

59 — Portrait en buste de la reine Marie-Antoinette, en biscuit de Sèvres.

60 — Groupe en pâte tendre : l'Enfance de Bacchus.

61 — Vase en porcelaine anglaise pâte tendre, monture en bronze doré.

62 — Groupe de Bacchus et Erigone, en biscuit de Berlin.

FAIENCES
DE DIVERSES FABRIQUES

63 — Quatre plats à reflets métalliques, en faïence italienne de Pesaro ; ils portent l'armoirie des Médicis.

64 — Six plats ou coupes d'accouchées, même décor que les précédents.

65 — Vase en faïence de Pesaro, à reflets métalliques, orné de frises, de palmettes et d'imbrications.

66 — Mappemonde, en faïence de Delft, décor bleu à personnages, monture bronze doré.

67 — Grande bouteille et son plateau, en faïence de Delft, décor bleu à personnages.

68 — Soupière en ancienne faïence hollandaise, couvercle avec anguille enroulée.

69 — Deux petites jardinières en faïence, décorées de bouquets et d'amours en couleurs.

70 — Pot en faïence émaillée d'Avisseau, entouré de reptiles et de branchages en relief.

71 — Trois figurines, en faïence de Saint-Clément : une tricoteuse, un villageois et un aveugle.

MEUBLES ANCIENS

72 — Meuble Louis XIII, dit cabinet. Ce meuble, d'un travail espagnol, est en ébène et écaille rouge ; le vantail principal et les quatre tiroirs, séparés par huit colonnes en marbre, sont ornés de bronzes dorés avec incrustations de pierres dures.

73 — Cabinet Louis XIII, en bois laqué, avec portique orné de plaques en lapis et autres matières précieuses.

74 — Glace vénitienne de l'époque de Louis XIII, en bois doré, avec moulures en argent ; toutes ses parties sont richement décorées d'ornements en corail, de plaques en marbre et de coins et motifs en pierres dures.

75 — Petite table Louis XVI, en bois d'acajou, orné de
bronzes ; le dessus en palissandre est incrusté de filets
en bois de couleur.

76 — Ecran Louis XV, en bois d'acajou, avec étoffe de
damas rouge.

77 — Grand et ancien meuble hollandais, en bois incrusté,
le haut formant vitrine, le bas avec trois tiroirs ornés
de bronzes.

78 — Grande armoire vitrine, en bois noir, avec filets de
cuivre.

79 — Une autre, même genre, mais plus petite.

80 — Autre meuble, même genre de travail.

81 — Encrier en laque du Japon, monture en bronze
doré.

82 — Jardinière en laque, ornée de branches en cuivre et
de fleurs en Saxe.

82 *bis*. — Figurine en terre cuite : vieille se chauffant.

83 — Petit cabinet à tiroirs, en laque aventuriné du Japon.

84 — Petit meuble, en laque aventuriné du Japon, à cinq
tiroirs et dessus à couvercle.

85 — Boîte et son couvercle, en laque du Japon.

BRONZES DORÉS

86 — Deux grands candélabres-appliques, en bronze doré : deux figures en cariatides soutiennent dix lumières.

87 — Deux vases, en porcelaine de Saint-Amand, ornés sur fond turquoise de cartel d'oiseaux ; ces vases soutiennent des candélabres en bronze doré, à lis et à cinq lumières.

88 — Deux petits candélabres ou bouts de table en bronze doré à quatre lumières, ornés de plaquettes et de larmes en cristal de roche.

89 — Divinité indienne sur un rhinocéros, groupe en bronze doré.

90 — Eléphant avec cornac et divinité indienne, groupe en bronze doré.

91 — Deux plateaux de surtout en bronze doré, style Louis XIV.

92 — Grand lustre ancien en bronze doré, orné de plaquettes en cristal de Bohême.

OBJETS DIVERS

93 — Deux très-beaux vases de l'époque de Louis XVI en granit oriental rouge tacheté de noir, belles et anciennes montures en bronze doré à serpents enroulés et têtes de satyres ; ils reposent sur des colonnes en bois noir avec ornements dorés, très-finement sculpté.

94 — Charmant petit nécessaire Louis XV en cornaline, riches ornements rocaille en or, toutes les pièces à l'intérieur sont également montées en or.

95 — Belle tabatière en or, de l'époque de Louis XVI, de forme ovale ; le couvercle est orné d'un émail représentant des dames romaines faisant l'aumône à Bélisaire.

96 — Petit nécessaire de poche en porcelaine de Saxe, toutes les pièces intérieures montées en or, bouton en brillant.

97 — Montre de femme en or.

98 — Petite boîte en cuivre doré et repoussé, époque de Louis XV.

99 — Boîte en vernis Martin avec sujet villageois d'après Huet.

100 — Boîte vernis Martin ; sur le couvercle est un émail
en grisaille représentant un amour.

101 — Horloge portative de l'époque de Louis XIV, la boîte
en cuivre repercé à jour.

102 — Tabatière ronde en vernis Martin avec petit sujet :
enfant musicien.

103 — Une autre en vernis Martin avec le sujet de la
lecture de la Bible.

104 — Etui de nécessaire en vernis Martin, avec paysage
et figures.

105 — Petit cadre Louis XVI, pour calendrier, en bois
sculpté et doré.

106 — Tabatière en nacre, monture en cuivre.

107 — Tabatière en écaille fondue avec mosaïque de Rome :
chien accroupi.

108 — Couverture de livre de l'époque de Louis XV, en
argent ciselé et repercé à jour ; beaux ornements avec
armoiries.

109 — Coupe en cristal de roche ayant la forme d'une
coquille, monture en bronze doré.

110 — Cafetière en argent.

111 — Boîte à thé en argent.

112 — Bougeoir en bronze doré, orné de fleurs en ancienne porcelaine de Saxe.

113 — Deux médaillons ovales en marbre blanc sculpté ; empereurs romains en bustes ; cadres en bois sculpté.

114 — Deux salières et leurs plateaux en ancien émail de Saxe.

114 *bis* — Amours luttant ; groupe en marbre blanc sculpté.

115 — Plusieurs manches de couteaux en agate et autres matières.

116 — Cinq bobèches et un support en cristal de roche.

117 — Sucrier de forme sphérique en verre gravé.

118 — Corbeille en verre givré.

119 — Sucriers en cristal taillé.

120 — Flacons en verre avec bandes dorées.

121 — Petite boîte à mouche en argent, couvercle en cornaline.

122 — Buire en verre gravée.

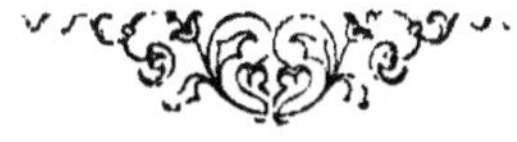